經典
少年遊

008

柳宗元

曠野寄情的旅行者

Liu Tsung-yüan
The Travelling Poet

繪本

故事◎張瑜珊
繪圖◎陳尚仁

嗨！ 我是柳宗元，

大家都叫我柳河東、 柳柳州。

我喜歡寫作， 也喜歡郊遊。

也許你認識我的朋友：

韓愈、 劉禹錫，

我們平時喜歡一同聊天寫作。

我在二十一歲的時候考中進士。

當時的我，

擁有無窮的希望。

但是當我開始升官後，像是登上高樓，

我看得多了，想得也更遠了。

我想和朋友，

一起改變許多不合理的事情。

5

很可惜，這些改變還是失敗了。

一同參加的朋友大都被貶官。

而我，也被貶到偏遠的永州，

當一個小小的官員。

我怎麼能不難過呢？

心情像是一轉眼來到秋季，

又蕭瑟又淒涼。

永州真是個偏遠的地方。

我剛到的時候，只能暫住在破廟。

古廟附近人煙稀少，

花草繁茂，然而，

我卻沒有心情欣賞。

9

時間慢慢過去，我搬進新家之後，
開始發現事情也許沒有這麼糟。
我打掃並布置新居，
曾經愈看愈傷心的永州風景，
如今是我生活的一部分。

有時候，

我只帶著一根手杖出門遊玩，

像個輕鬆自在的旅行家。

渡過小溪， 穿越草叢，

往森林的更深處前進。

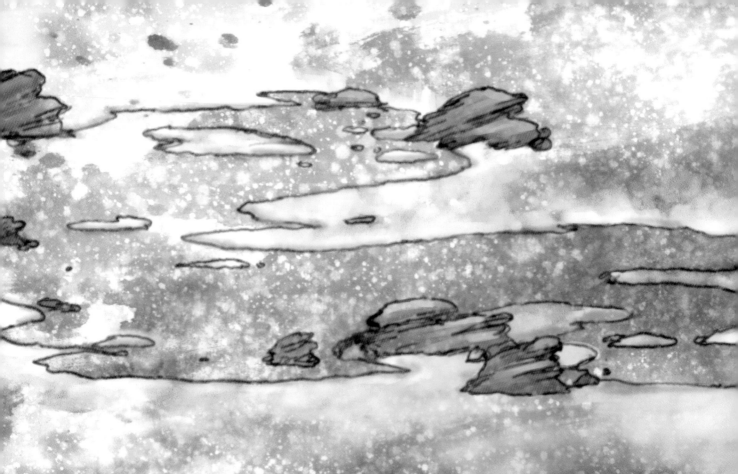

有時候，我只想乘著一艘小船，
就這麼划入湖中。
四面一片安靜，只有皚皚白雪。

遠_{ㄩㄢ}方_{ㄈㄤ}傳_{ㄔㄨㄢ}來_{ㄌㄞ}的_{ㄉㄜ}鳥_{ㄋㄧㄠ}鳴_{ㄇㄧㄥ}，

水_{ㄕㄨㄟ}面_{ㄇㄧㄢ}上_{ㄕㄤ}碎_{ㄙㄨㄟ}冰_{ㄅㄧㄥ}互_{ㄏㄨ}相_{ㄒㄧㄤ}碰_{ㄆㄥ}撞_{ㄓㄨㄤ}的_{ㄉㄜ}聲_{ㄕㄥ}音_{ㄧㄣ}，

都_{ㄉㄡ}陪_{ㄆㄟ}伴_{ㄅㄢ}著_{ㄓㄜ}我_{ㄨㄛ}，　在_{ㄗㄞ}白_{ㄅㄞ}茫_{ㄇㄤ}茫_{ㄇㄤ}的_{ㄉㄜ}世_ㄕ界_{ㄐㄧㄝ}中_{ㄓㄨㄥ}獨_{ㄉㄨ}行_{ㄒㄧㄥ}。

15

也許，我當初的理想永遠無法實現。
但是，身在永州，我仍然努力工作。
只要看到農家有好收成，
能過著衣食無缺的好生活，
我的心也跟著歡喜起來。

17

那些無法實現的夢想，
那些難過沮喪的心情，
就讓它們成為文字吧！
如果沒到永州來，
我也沒機會踏遍美麗山水，
更別說寫出「永州八記」！

18

離開長安之後，

我和朋友分隔好遠。

多想告訴他們，

我好想念他們！

也想告訴他們，

現在的我過得很好。

在永州的山水之中，

我找到了真正的自由。

柳宗元
曠野寄情的旅行者

讀本

原著◎柳宗元
原典改寫◎岑澎維

唐朝詩人柳宗元有才華又有抱負，在他的生命中，出現了些什麼改變他的人物呢？

柳宗元（773～819年），字子厚，又稱柳河東。出生於長安，二十一歲時中進士，後來陸續被貶到南方的永州和柳州。他是唐宋八大家之一，擅長寫散文與詩，作品並有遊記、寓言。

劉禹錫（下圖）是唐代文學家，擅長寫詩與散文，被白居易稱為「詩豪」，最有名的作品是〈陋室銘〉。他是柳宗元的好朋友，柳宗元甚至還為了他向皇帝求情，希望能代替他被貶到南方。這樣的行為感動很多人，也讓大家看到了患難見真情。

TOP PHOTO

柳宗元

相關的人物

劉禹錫

韓愈

唐代文學家，與柳宗元一起提倡古文運動，也同是唐宋八大家。他不喜歡寫一些文字很華麗，卻沒什麼內容的文章。他寫了很多討論事情的文章，像是勸告皇帝不可以沉迷佛教，並且鼓勵大家要好好念書，不可以荒廢學業。

王叔文

唐代政治人物，曾和柳宗元一起在朝廷當官。他在任內曾推動「永貞革新」，像是禁止大臣向皇帝進奉財物，除去貪官的職位，減輕老百姓的負擔等。不過才不到一年便宣告失敗，於是他和柳宗元、劉禹錫一起被貶官，最後王叔文還被皇帝下令處死。

漁翁

柳宗元作品中出名的人物，可能就是那位獨自釣魚的漁翁了。〈江雪〉是他最出名的一首詩。寒冷的冬天裡，什麼人也沒有，連鳥兒都消失了。只有這個漁翁，乘著小船、默默釣魚的背影，永遠留在我們心中。圖為明代畫家袁尚統所畫的〈寒江獨釣圖〉，表現了〈江雪〉的意境，山東省博物館藏。

捕蛇者

柳宗元筆下那個以捉蛇為生的人，為什麼得冒著被咬死的危險，捕蛇以換取些許金錢呢？透過柳宗元的文章，捕蛇者只是一邊掉眼淚，一邊說：「唉！我的生活非常困難，要不是能靠捕蛇賺錢，用來繳納稅金，我們一家早就餓死了啊！」聽完捕蛇者的話，柳宗元只能嘆氣搖頭。

柳宗元很年輕時就考中進士，只是之後的生活卻充滿挫折，他的一生發生了什麼大事呢？

773 年
柳宗元出生於長安，祖籍是河東，他的祖先也都曾當過官。

出生

相關的時間

TOP PHOTO

進士

793 年
柳宗元考中進士，之後當過祕書省校書郎，並參加博學宏詞科考試，這是他名聲最響亮的時刻。圖為清末畫家吳友如所畫的〈養樹得養人術〉，是根據柳宗元早年（約 796 ～ 803 年間）在長安任職時所寫的〈種樹郭橐駝傳〉。這篇寓言作品也是柳宗元著名的代表作之一，反映了當時的社會問題，也間接表達了柳宗元的政治理想與抱負。

結婚

796 年
柳宗元結婚，但是兩年後妻子就因病過世。

805 年

唐順宗即位後重用王叔文，由於王叔文與柳宗元的想法相近，因此柳宗元也被封為禮部員外郎。但是王叔文等人進行的改革失敗，柳宗元、劉禹錫等人被貶到南方，王叔文也被下令處死。柳宗元原本被貶到邵州，途中又被加貶至永州。

被貶永州

805 ～ 815 年

柳宗元在永州度過十年，寫下了知名的遊記作品「永州八記」。這些遊記記錄了他從開始抵達永州的煩悶，到終於放寬心、四處旅遊的過程。

元和中興

806 年

唐憲宗即位。他力圖振作，討伐藩鎮，並且積極聽取大臣的建議，開創唐朝的新氣象。由於唐憲宗的年號是「元和」，因此又稱為「元和中興」。

815 年

柳宗元與劉禹錫被召回長安，卻沒有受到重用，不久後再度被貶，這次是貶到柳州。

過世

819 年

柳宗元病逝於柳州，後人為了紀念，也稱他為「柳柳州」。

柳宗元是個什麼樣的人？
看他的作品，還有相關的事物，讓我們試著了解他的生活。

《柳河東集》共三十卷，收錄了柳宗元包括詩詞文賦等約六百多篇的作品。由於柳宗元是河東人，大家都稱他為柳河東，因此將他的全集命名為《柳河東集》。

柳河東集

相關的事物

遊記是柳宗元最拿手的作品之一。他被貶到永州之後，心情煩悶，常常出門看山看水。他不僅是個旅遊玩家，還仔細記錄這些美麗的風景，寫成了最出名的「永州八記」，永遠留下了永州山水。

遊記

龍成石刻

「龍成石刻」是傳說中由柳宗元所寫的石碑，由於它的內容是趕走危險的事物，期待能逢凶化吉，因此也有祈求萬事平安的意思。

寓言

寓言是很短的故事，卻有很深刻的意義。柳宗元是個寫寓言故事的好手！他常描寫動物，像是麋鹿、老鼠、驢子等等，都是故事的主角。透過牠們所發生的事，勸告大家生活的道理。

古文運動

唐代的文學家看不慣先前的文章，雖然文字很漂亮，卻總是讓人讀不懂，還一點感情也沒有，因此才出現了古文運動。柳宗元提倡的古文，則是希望能傳達道理與感情，讓接下來許多大作家都跟著一同創作古文。

荔子碑

誰的紀念碑能同時找到三個超級大作家？廣西有個「柳州祠」，其中有個石碑，是由韓愈創作，蘇軾書寫，用來紀念柳州刺史柳宗元。一個石碑能蒐集三位重量級作家，真是個重量級紀念碑。

飛錢

古人出門遊玩好幾天，要帶多少錢才夠呢？唐憲宗時期，商人發明了「飛錢」。省去帶著好多現金上路的危險，只要把錢存進指定的地方，得到一張文件後，就能在別的地方換錢。飛錢不會飛，卻能和你一同踏上旅途！

TOP PHOTO

29

柳宗元陸續被貶到永州、柳州，分別是今天的湖南與廣西，跟著他的腳步，一起看看他去了什麼地方、看了什麼風景。

相關的地方

朝陽岩

在永州城的瀟水西側，有片風景綺麗的岩壁，叫做朝陽岩。柳宗元很喜歡來這裡，一邊登上朝陽岩，一邊望著下面的瀟水，寫出了〈漁翁〉、〈江雪〉著名的詩句。

愚溪

愚溪是瀟水左岸支流的冉溪，因為能染色，也被稱為染溪。柳宗元為了抒發心中的不快，自嘲自己是因為太愚笨才會被貶官，於是將這條冉溪改名為愚溪。

柳侯祠

柳宗元被貶到永州之後，雖然曾被短暫召回長安，卻因為不受重用而再度被貶到柳州，最後病逝於柳州，成為生命的最後一站。柳侯祠原名羅池廟，韓愈還寫了〈柳州羅池廟碑〉紀念柳宗元，目前的柳侯祠位於柳侯公園內。

法華寺

法華寺就是現在的高山寺，是柳宗元剛到永州時第二個居所，他也為這裡寫下了〈法華寺西亭夜飲〉、〈永州法華寺作西亭記〉等作品。法華寺因為戰亂已經被破壞了好幾次，現在只剩下重建後的「大雄寶殿」。

柳子廟

雖然柳宗元在永州遊山玩水，但他並未忽略照顧地方百姓的責任，也因此受到當地人的愛戴。永州人為了紀念柳宗元，還興建了「柳子廟」，每年都會舉辦大型祭祀活動。

雷塘廟

柳宗元到柳州就任後，有一年發生了大旱災，他心急如焚地到當地的雷塘祈雨，還寫了一篇〈雷塘禱雨文〉，希望老天能趕快降雨。這篇文章被刻成石碑，保存在廣西龍潭公園的雷塘廟中。

衣冠墓

柳宗元死後，其靈柩運回陝西安置。廣西的柳宗元衣冠墓是清代時重建的，題有「唐刺史文惠侯柳公宗元之墓」，但在遭受毀壞後，目前則是刻有「唐代柳宗元衣冠墓」的石碑。

TOP PHOTO

31

原典

溪(ㄒㄧ)居(ㄐㄩ)

久(ㄐㄧㄡˇ)為(ㄨㄟˊ)簪(ㄗㄢ)組(ㄗㄨˇ)[1]累(ㄌㄟˋ)[2]，

幸(ㄒㄧㄥˋ)[3]此(ㄘˇ)南(ㄋㄢˊ)夷(ㄧˊ)[4]謫(ㄓㄜˊ)[5]。

閒(ㄒㄧㄢˊ)依(ㄧ)農(ㄋㄨㄥˊ)圃(ㄆㄨˇ)鄰(ㄌㄧㄣˊ)；

偶(ㄡˇ)似(ㄙˋ)山(ㄕㄢ)林(ㄌㄧㄣˊ)客(ㄎㄜˋ)。

1. 簪組：官服，此指當官
2. 累：感到疲倦
3. 幸：幸運，幸好
4. 南夷：古代稱南方未開化的民族，此指南方
5. 謫：貶官

曉[ㄒㄧㄠˇ]6耕[ㄍㄥ]翻[ㄈㄢ]露[ㄌㄨˋ]草[ㄘㄠˇ]；

夜[ㄧㄝˋ]榜[ㄅㄤˇ]7響[ㄒㄧㄤˇ]8溪[ㄒㄧ]石[ㄕˊ]。

來[ㄌㄞˊ]往[ㄨㄤˇ]不[ㄅㄨˋ]逢[ㄈㄥˊ]9人[ㄖㄣˊ]，

長[ㄔㄤˊ]歌[ㄍㄜ]楚[ㄔㄨˇ]天[ㄊㄧㄢ]碧[ㄅㄧˋ]。

6. 曉：天剛亮
7. 榜：划船
8. 響：聲響
9. 逢：見面

換個方式讀讀看

　　想起被流放到永州之前的種種，不免心裡輕輕一嘆：還好被貶到這偏遠的南方，否則每天穿著隆重的官服，還得把髮髻一絲不苟的整理好，整個人被弄得一點也不自在，完全不像原來的自己，真是件辛苦的事。

　　現在，我來到這南方，心情卻完全不一樣。悠閒地住在農地邊，過著與世無爭的生活，好像在山林裡修鍊的道士一般。

　　這是在繁華熱鬧的京城所感受不到的。京城的官場之中，躲在暗處的敵人、站在眼前的敵人，就像蒼蠅一樣，在身邊圍繞，所以要時時提高警覺，以免一個不留意，就落入別人設下的陰謀。

　　現在在這裡生活，規律又簡單，雖然單調，卻有一種說不出的充實。

　　日子都是這樣過的：一大清早就起床耕作，草叢上的露珠泛著光澤，一顆跟著一顆滴落，掉在剛剛醒來的土地上，這是美好一天的開始。

工作了一整天，到了晚上，那才是享受休息的時間，在暗夜裡，划著船在溪河裡輕鬆地看著星空，船槳在溪流裡打出水聲，好像聽著河水和溪石的對話一樣，這樣的生活，有誰比得上呢？

　　在這幽靜偏僻的河邊居住，要遇到一個人真是不容易，我卻漸漸地喜歡這種日子。如果不是被流放出來，如果不是被貶到這人煙稀少的南方來，我是不是還在官場裡為擾人的事而煩憂？那裡能有這種悠閒呢，這不就是所謂的「因禍得福」嗎？

　　在河邊，也許你會聽到，一個來自北方的人，對著藍藍的天空，在溪水的伴奏下，大聲地唱著歌。

　　沒有錯，那個人就是我，我正痛快地把心裡的鬱悶，大聲地唱出來。

原典

夏初雨後尋愚溪

悠悠雨初霽[1]，
獨繞清溪曲[2]。
引杖試荒泉[3]，
解帶圍新竹[4]。

1. 霽：晴朗
2. 曲：拐彎的地方
3. 引仗：拿著手杖
4. 新竹：剛長出的竹筍

沉吟[5]亦何事？

寂寞固[6]所欲。

幸此息營營[7]，

嘯歌靜炎燠[8]。

5. 沉吟：低聲吟詠
6. 固：本來
7. 營營：指忙於謀求生計
8. 燠：炎熱

換個方式讀讀看

　　這一陣雨下得又久又細，眼看好像要放晴了，卻又綿綿密密停不了。

　　剛剛進入夏天，初夏的雨就是這樣。雨停之後，天空立刻光亮了起來，不再暗沉沉的。

　　我獨自一個人在清溪的溪谷走著，心裡一邊想著事情，一邊試著去尋找一條叫做「愚溪」的溪流。

　　我拿著手杖沿著溪邊慢慢地走，雨後，溪邊的山壁上增加了許多道泉水。也許是很久沒有下雨了，這些小泉水好像特別興奮，特別高興，爭著要衝出來賽跑似的。

　　竹林內的筍子也因為雨水的沖洗，冒出頭尖。我把身上這條綁衣服的帶子解下來，我來量量看，這筍子恐怕有我腰圍粗吧。

　　我想學那個在溪邊作詩的人嗎？也許是吧。

我想忘掉許多不容易忘掉的往事？也許是的。

讓我像詩人一樣，手背在身後，慢慢行走，輕聲吟唱。

在這偏遠的南方，在這無人的溪水旁，我是這麼孤單，這麼無伴呀！

但這對我也許是一件好事呢！雖然孤獨，卻可以遠離那些想避開卻避不開的紛擾。

那些紛擾，使我的人生有了重大的改變；那些紛擾，讓我與家人無法團聚；那些紛擾，把我推到這僻遠的角落——也給我那群最要好的朋友，無情的打擊，從此分離兩地。

就這樣吧，讓我在這幽靜的溪流旁，盡情地大聲狂歌。在炎熱的夏天午後，我的心情，也因雨後的涼爽而漸漸平靜。

獨ㄉㄨˊ覺ㄐㄩㄝˊ

覺ㄐㄩㄝˊ來ㄌㄞˊ[1]窗ㄔㄨㄤ牖ㄧㄡˇ[2]空ㄎㄨㄥ，
寥ㄌㄧㄠˊ落ㄌㄨㄛˋ[3]雨ㄩˇ聲ㄕㄥ曉ㄒㄧㄠˇ[4]。
良ㄌㄧㄤˊ遊ㄧㄡˊ[5]怨ㄩㄢˋ遲ㄔˊ暮ㄇㄨˋ[6]，

1. 覺來：醒來
2. 窗牖：窗戶
3. 寥落：稀疏
4. 曉：清晨
5. 良遊：盡興之遊
6. 遲暮：年老

末事[7]驚紛擾[8]。
為問經世[9]心，
古人難盡[10]了。

7. 末事：指世俗之事
8. 紛擾：混亂
9. 經世：關心社會、國家大事
10. 盡：完成

換個方式讀讀看

　　來到這南方，知己都不在身旁，到了夜晚，就想起以前那些盤坐桌前，整晚不睡，談詩論劍的好朋友們。

　　在夜色一層一層加濃的時候，不自覺地，昏昏沉沉睡著了。突然驚醒，只有微風吹動，四周的窗，竟然忘了關上。

　　雨聲有時在屋外，有時卻飄進了我的夢裡，也就是在這半夢半醒之間，天漸漸地亮了，在這樣的早晨醒來，特別感到孤寂無助。

　　交遊的好朋友，也和我一樣，年紀一天一天老去，就像河水往下流一般，誰也阻擋不了，當年的豪情壯志，沒有完成的機會。老了，心都老了，有如傍晚的天色，即將入夜的時光，就算只是一些小事，卻常引起內心的大震動，像流水遇到了石塊，激起了不小的波紋，久久無法平靜下來。

　　為什麼會這樣呢？想來想去，應該是這樣的原因吧——

當一個人，從懂事以來，就抱著雄心大志，希望能夠為國為家出一分力量，他不斷學習，勤奮用功，每天要求自己，朝著設定的目標前進。

　　在這樣下過雨的早晨醒來，特別容易想起：那個充滿希望的年輕人，流過的汗數也數不清，滴下的淚算也算不完，只為了希望能夠改變局勢，讓國家民族可以回復以往的光榮。

　　在這樣下過雨的早晨醒來，想起這些過往的事情，心情就特別的激動。老了，老了，心真的老了，自古以來，在老年來臨前完成心中大願的，到底有多少人呢？

　　在這樣下過雨的早晨，獨自醒來，特別容易想起以前那些盤坐桌前整晚不睡，談詩論劍的好朋友們。

　　他們是否也和我一樣，有相同的感覺呢？

原典

秋曉行南谷經荒村

杪秋[1]霜露重[2]，

晨起行幽谷[3]。

黃葉覆[4]溪橋，

荒村[5]唯古木。

1. 杪秋：晚秋
2. 重：厚重
3. 幽谷：幽深的山谷
4. 覆：覆蓋
5. 荒村：人煙稀少的村落

寒ㄏㄢ花ㄏㄨㄚ6疏ㄕㄨ寂ㄐㄧ歷ㄌㄧ7，

幽ㄧㄡ泉ㄑㄩㄢ微ㄨㄟ斷ㄉㄨㄢ續ㄒㄩ8。

機ㄐㄧ心ㄒㄧㄣ9久ㄐㄧㄡ已ㄧ忘ㄨㄤ，

何ㄏㄜ事ㄕ驚ㄐㄧㄥ麋ㄇㄧ鹿ㄌㄨ10？

6. 寒花：寒冬中不凋謝的花
7. 寂歷：凋零稀疏的樣子
8. 斷續：不連貫
9. 機心：機變巧詐之心
10. 麋鹿：動物，角似鹿，尾似馬，蹄似牛，頸似駱駝

換個方式讀讀看

　　這一天，我起得特別早，想到南邊的谷地走走，草地上、樹葉間凝結著一層層的霜露，是那麼的晶瑩剔透。遠遠的，隱約看到有一座村落，吸引我漫步向前。走過村前的小橋時，我不禁發出驚嘆：整個橋面已經被層層黃葉覆蓋，完全看不到橋面。

　　「有多久沒人經過這裡了呢？以前誰住在這裡？為什麼現在成為廢墟呢？」看著這座寂靜的小村子，我在心裡有好多疑問。

　　村子裡，房屋大部分已經毀壞，只剩下高大的樹木，好像堅持守著家園一樣，依舊挺立在這兒。

屋旁老樹下，幾朵草花在微冷的風中，更顯得無依無靠。這不正像我的心路歷程嗎？誰能了解一朵花綻放時，卻沒有人欣賞的寂寞呢？

　　再往前去，泉水嘩啦啦的聲音傳來，斷斷續續，好像在訴說心事一樣。那過往的雄心壯志那兒去了，那為國為民的情懷那兒去了，一切一切都已是遙遠，不再是我的事了。

　　正當我陷入無盡的沉思時，突然一陣聲響傳來，幾隻受到驚嚇的麋鹿飛奔而去。遺忘已久的心事，早就無影無蹤了，我還有什麼可以讓牠們受到驚嚇，讓牠們急急地飛奔而去？

原典

江ㄐㄧㄤ 雪ㄒㄩㄝˇ

千ㄑㄧㄢ 山ㄕㄢ 鳥ㄋㄧㄠˇ 飛ㄈㄟ 絕ㄐㄩㄝˊ[1]，

萬ㄨㄢˋ 徑ㄐㄧㄥ[2] 人ㄖㄣˊ 蹤ㄗㄨㄥ[3] 滅ㄇㄧㄝˋ[4]。

1. 絕：消失
2. 徑：路
3. 蹤：蹤跡
4. 滅：消失

孤ㄍㄨ舟ㄓㄡ蓑ㄙㄨㄛ笠ㄌㄧˋ5翁ㄨㄥ，

獨ㄉㄨˊ釣ㄉㄧㄠˋ寒ㄏㄢˊ江ㄐㄧㄤ雪ㄒㄩㄝˇ。

5. 蓑笠：蓑衣斗笠

換個方式讀讀看

　　一重又一重，那麼多重的山嶺層層疊疊；聽不到小鳥鳴叫，看不到鳥兒的身影。山是鳥兒們的家，現在山卻失去了鳥兒鳴叫的熱鬧，不就像一個家庭裡，已經沒有人一樣？

　　一條又一條，許多道路向前延伸，卻見不到一個腳印，也看不到一個人影。

　　我被降職到永州沒有多久，擔任永州縣官。

　　大雪紛飛的早晨，我站在空曠的平台上，眼前的景物讓我微微一驚，遠處那麼多山，但寂靜得聽不到任何聲響。平日挑水打柴的人，上山走動的人，種菜除草的人，叫賣雜貨的人……都不在道路上了。

　　正當我靜靜地看著這一切時，突然眼前一亮，在那遠遠的江面上，似乎有一艘小船，在船尾，那個一動也不動的啊，是——是一個人，那個人在冰雪封凍的河裡，握著釣竿在河上釣魚。這位釣魚的老先生，天寒

地凍之中，穿著草編的蓑衣，戴著竹編的斗笠，在雪花紛飛的江上釣魚。

雪不斷地飛舞，覆蓋住重重山嶺，也覆蓋住整個江面。但是我發現了另一個孤單的人，兩個孤單的人在一起，就不孤單了。

我也有過許多朋友，一批志同道合的朋友。可是我們運氣不好，不僅沒有受到賞識，還遭到迫害，被放逐到遠離京城幾千里的地方，各自分開，難再見面。

我在永州這偏僻的地方，就算有了天下最奇特的景物、最美麗的山水，對我來說，又有什麼意義呢？在這異鄉的雪地裡，我以為天下只剩我一個人，沒想到在遠遠的、白雪覆蓋的江面上，也有一個和我一樣嘗盡孤單的人，正獨自在雪白的江面上垂釣。

有了他在這個世界上，我並不孤單。

原典

登柳州城樓寄漳
汀封連四州刺史

城上高樓接大荒[1]，

海天愁思正茫茫。

驚風[2]亂颭[3]芙蓉水，

密雨[4]斜侵薜荔牆。

1. 大荒：荒野
2. 驚風：狂風
3. 颭：吹動
4. 密雨：連綿不絕的雨

嶺樹重遮⁵千里目，

江流曲⁶似九迴腸⁷。

共來百粵⁸文身⁹地，

猶自音書滯¹⁰一鄉。

5. 遮：遮蔽
6. 曲：曲折
7. 九迴腸：比喻憂愁到了極點
8. 百粵：南方的少數民族
9. 文身：在皮膚上刺刻圖案
10. 滯：停留

換個方式讀讀看

　　和我同時被派到南方的好友──韓泰、韓曄、陳謙、劉禹錫，不知道你們現在過得好不好？

　　雖然我們相距不遠，但山水分隔，不管是要見面或者是要寫信，都不是一件容易的事。我只能在這柳州最高的城樓上，凝視著遠方，想念你們。想到以前為了國家、為了人民，共同奮鬥的景象，現在卻淪落異鄉，真是令人百感交集。

　　這些傷心往事湧上心頭，我站在欄杆前遠望，那遙遠的天邊，有沒有盡頭呢？我心中那股茫茫愁思，像大海一樣沒有界線、像天空一般沒有邊際啊！

　　我的生活是這麼不平靜，知心好友各自散開，就像突然的一陣強風，把池塘裡盛開的荷花吹亂，如急雨過後，爬滿木蓮的老牆也倒了一樣。

我在柳州的城樓上，想念你們。遠處山上的雜樹，把我推得好遠的眼神阻擋了下來，是不忍心讓我再回想了嗎？

　　山下的河流，彎曲又轉折，好像在那兒重疊、不斷重複，是那麼的不忍離去，我的心思不也一樣嗎？反反覆覆思念著我的好友。

　　我想念你們的心，像山那樣寬厚，像河水那樣綿延不絕，我很想知道，你們現在生活習慣了嗎？

　　這個僻遠的南方，如今成為我們散居的角落，這南方的少數民族，有著刺花紋身的習俗，他們把自己喜愛，或意義特殊的圖案，紋刻在身上。

　　而我，也只能把你們牢牢地刻在心裡。

　　我們都來到這偏遠的異鄉，就把這裡當作故鄉，也許這樣會好一點。

　　雖然我們都在南方，音訊卻難以傳達，就像天涯海角一樣遙遠啊！

原典

別ㄅㄧㄝˊ舍ㄕㄜˋ弟ㄉㄧˋ宗ㄗㄨㄥ一ㄧ

零ㄌㄧㄥˊ落ㄌㄨㄛˋ殘ㄘㄢˊ魂ㄏㄨㄣˊ[1]倍ㄅㄟˋ黯ㄢˋ然ㄖㄢˊ[2]，
雙ㄕㄨㄤ垂ㄔㄨㄟˊ別ㄅㄧㄝˊ淚ㄌㄟˋ越ㄩㄝˋ江ㄐㄧㄤ邊ㄅㄧㄢ。
一ㄧ身ㄕㄣ去ㄑㄩˋ[3]國ㄍㄨㄛˊ六ㄌㄧㄡˋ千ㄑㄧㄢ里ㄌㄧˇ，
萬ㄨㄢˋ死ㄙˇ[4]投ㄊㄡˊ荒ㄏㄨㄤ[5]十ㄕˊ二ㄦˋ年ㄋㄧㄢˊ。

1. 殘魂：殘存的生命
2. 黯然：沮喪
3. 去：離開
4. 萬死：處境極為危險
5. 投荒：被貶謫到荒野

桂（ㄍㄨㄟˋ）嶺（ㄌㄧㄥˇ）瘴（ㄓㄤˋ）來（ㄌㄞˊ）雲（ㄩㄣˊ）似（ㄙˋ）墨（ㄇㄛˋ），

洞（ㄉㄨㄥˋ）庭（ㄊㄧㄥˊ）春（ㄔㄨㄣ）盡（ㄐㄧㄣˋ）水（ㄕㄨㄟˇ）如（ㄖㄨˊ）天（ㄊㄧㄢ）。

欲（ㄩˋ）知（ㄓ）此（ㄘˇ）後（ㄏㄡˋ）相（ㄒㄧㄤ）思（ㄙ）夢（ㄇㄥˋ），

長（ㄔㄤˊ）在（ㄗㄞˋ）荊（ㄐㄧㄥ）門（ㄇㄣˊ）郢（ㄧㄥˇ）樹（ㄕㄨˋ）煙（ㄧㄢ）。

6. 桂：指現今的廣西
7. 瘴：山林間溼熱的毒氣
8. 洞庭：湖泊名，位今湖南
9. 荊、郢：今湖北江陵

換個方式讀讀看

　　這是我來到柳州的第二年。即使經過了一年，我還是無法適應這裡，還是無法忘記在故鄉的日子。想起家人，想起自己的遭遇，我的魂魄就像被撕裂了一樣。想起以往、想到未來，心情就加倍的沉重。

　　宗一，幸好這一路有你相陪，但是你還是不得不離開。我們就在這柳江邊道別吧，擦乾眼淚，別讓它掉入江水裡。這一次你離開，千里萬里遠，不知道什麼時候能再見面。

　　走過千山萬水，我來到這個離開家園數千里遠的南方，遠離一里，我的心就如刀割一回。這一路有多少災難阻撓呢？數也數不完，只差沒把這條命給丟了。算一算，從被降官到永州開始，經過了十二年，現在，我又在這異鄉柳州。

　　人的一生，有多少十二年呢，十二年能做多少對國家有用的事呢？而我在這生命中最好的十二年，大部分的時間都在路途上奔波，沒有片刻

安寧平靜的心思，來處理各項事情。

　　如今又來到偏僻的南方，被降低官職的滋味已經夠難受了，與家人團聚的機會渺茫，更令人難過。

　　宗一，柳州這個地方的氣候陰涼潮溼，因此，山林之間常出現溼熱的瘴氣。有時候雲氣聚在一起，烏黑深厚得像墨汁一樣，又低又黑，好像一伸手就可以摸到似的。洞庭湖附近就不一樣了，春末夏初的時候，湖水十分壯闊，永遠看不到盡頭。

　　我來到柳州兩年了，這種日子將過到什麼時候？我的心願和夢想，更不知什麼時候可以完成，只能望著遙遠的荊門，朝著那個方向，遠遠的祝福你。

　　宗一，從此以後，我對你的思念，就種植在荊門高大的樹叢裡，就飄散在這茂密的樹木雲煙之間。

原典

柳州城西北隅
種甘樹

手種黃甘[1]二百株，
春來新葉徧城隅[2]。
方同楚客[3]憐皇樹[4]，
不學荊州利木奴[5]。

1. 黃甘：指柑橘
2. 隅：角落
3. 楚客：引用《楚辭》典故
4. 皇樹：指橘樹
5. 木奴：柑橘

幾ㄐㄧˇ歲ㄙㄨㄟˋ開ㄎㄞ花ㄏㄨㄚ聞ㄨㄣˊ噴ㄆㄣ雪ㄒㄩㄝˇ6，
何ㄏㄜˊ人ㄖㄣˊ摘ㄓㄞ實ㄕˊ見ㄐㄧㄢˋ垂ㄔㄨㄟˊ珠ㄓㄨ？
若ㄖㄨㄛˋ教ㄐㄧㄠ坐ㄗㄨㄛˋ待ㄉㄞˋ成ㄔㄥˊ林ㄌㄧㄣˊ日ㄖˋ，
滋ㄗ味ㄨㄟˋ還ㄏㄞˊ堪ㄎㄢ養ㄧㄤˇ老ㄌㄠˇ夫ㄈㄨ。

6. 噴雪：比喻花開茂盛，如下雪一樣

當柳宗元的朋友

柳宗元被貶後，把他住處附近的山水紛紛命名為「愚溪」、「愚丘」、「愚島」等等，還說被放逐是因為自己太愚笨的關係。

你一定覺得既好笑又莫名其妙，「什麼嘛！怪自己笨也就算了，還怪到別人身上？」「他該不會稱呼他的朋友為愚人吧？」

要如何跟這樣的人當朋友呢？

柳宗元會寫散文，又能寫詩，還是鼎鼎有名的唐宋八大家之一。當柳宗元的朋友，你可以一起參加唐代的古文運動，看他怎麼寫文章，他還會告訴你什麼樣的詩文才是好作品。

柳宗元對朋友很好，是個講義氣的好哥兒們。當時，他的好朋友劉禹錫即將被貶到非常偏僻的播州。柳宗元擔心，到播州的路途可是又遠又危險啊！劉禹錫可能再也見不到他年邁的母親。因此，柳宗元便自告奮勇地說：「播州就讓我去吧！」當柳宗元的朋友，當你需要幫助的時候，他總是能義無反顧地拉你一把。

柳宗元同時也是個「時尚玩家」，即使在偏僻荒涼的地方，他都能找到美麗的風景。當他的朋友，你可以跟他隨意又悠閒地到處亂晃，看他在河邊建涼亭，聽他為山水取名。

當柳宗元的朋友，即使是荒郊野外，他都能帶你找到好玩的地方。有時候，他會因為被貶謫而有點低落，還嘲笑起自己的愚笨。

不過別擔心，只要你親近他，當他的朋友，你會知道，當個「愚人」也是個面對挫折的好方法喔！

幾歲開花聞噴雪[6]，
何人摘實見垂珠？
若教坐待成林日，
滋味還堪養老夫。

6. 噴雪：比喻花開茂盛，如下雪一樣

換個方式讀讀看

　　柑橘這種滋味甘美的水果，最適合在柳州栽種了。在《楚辭》這本古書裡，曾經提到說：「后皇嘉樹，橘徠服兮。」意思是說，柑橘樹是尊貴的樹種，生下來就適應當地的水土。

　　所以我來到柳州之後，就親手在城西北的角落種了二百棵柑橘。

　　因為氣候適合，柑橘樹長得很快，過年的時候，冒出來的新葉子，好像在比賽一樣。這欣欣向榮的模樣，令種樹的人心裡很快樂。

　　所以我也像《楚辭》中所說的，真心地、用心地栽種柑橘，把它當成一回事，仔細地照顧它，看它成長。但絕不像以前荊州有一戶種柑人家，那麼勢利。

　　故事是這樣：以前有一位叫李衡的太守，他想把家庭管理好，偏偏妻子就是不順從他的意。後來李衡暗中就派人到遠一點的地方，另外蓋一幢房子住，並且種了上千棵柑橘樹。

　　李衡快要去世的時候，把兒女叫到面前，跟他們說，我種了上千棵的

柑橘，它們像取用不完的奴僕一樣，只要你好好地照顧它們，它們就會結出果子，讓你們一輩子不愁吃穿。

我不會為孩子做這樣的安排，我寧願他們認真地做好每一件事，從頭到尾不馬虎，就能為自己打出一條路。

經過了幾年的成長，如今親手種的柑橘已長大成樹，每次開花的時候，就像大雪覆蓋住整棵樹一樣。一顆顆的果實，好像垂掛在樹上金黃的珠寶。

說到這裡，就不禁想起自己被降官到柳州，不知什麼時候才能回到故鄉。如果我就這樣困在柳州，等著這片橘樹成為樹林，那真是一件殘酷的事。

命運真的是這樣，我也必須快樂地接受它。這片柑橘樹林，要養活我，並不是一件困難的事。

種柳戲題

柳州[1]柳刺史，
種柳柳江邊。
談笑為故事，
推移[2]成昔年[3]。

1. 柳州：地名，位今廣西
2. 推移：變遷
3. 昔年：從前

垂陰[4]當覆[5]地，
聳[6]幹會參天[7]。
好作思人樹，
慚無惠化[8]傳。

4. 垂陰：樹蔭
5. 覆：覆蓋
6. 聳：直立
7. 參天：指樹木高入雲天
8. 惠化：有益於民的教化

換個方式讀讀看

呵呵，就是這麼有趣，我，柳宗元，我姓柳。

我這個柳，在北方的家鄉，是三大姓氏之一；可是就是這麼湊巧，老天爺偏要這樣安排，讓我來離家鄉這麼遠的柳州當刺史。

既然姓了柳，又來到柳州，何不就來種種柳樹呢？

哪裡種柳樹好呢？呵呵，真是妙極了，柳州有一條江，它就叫柳江。

柳樹不種在柳江邊，哪裡還會有更適合的地點呢？

《詩經》中有「昔我往矣，楊柳依依；今我來思，雨雪霏霏」——「我離開的時候，正是楊柳輕輕搖曳的季節；現在我回來了，已是大雪紛飛的時節。」

有了這個傳誦千古的詩句後，「楊柳」成了「離別」的代名詞；到了漢代，更有折柳贈別的風俗。「折柳贈別」，就是折下一段柳枝，贈送給即將遠行的人，代表「牽繫」會像柳條一樣又細又長，這種依依不捨的感情，永遠不會斷絕。

我想起，西周時期，召公曾在樹下一棵甘棠樹下辦公，由於公正不阿，極受百姓愛戴。召公死後，人們睹物思人，看到樹就想到大公無私的召公，因而不忍砍伐那棵甘棠樹。

　　我知道，今天我種的柳樹，有一天柳條兒會如同垂簾一樣層層覆蓋，形成大樹蔭。今天所種的樹，有一天柳幹兒會又高又粗，好像就要頂住雲層一樣。

　　會有人想起，這是一個姓柳的北方人，來到終南的柳州，在柳州的柳江邊種下的柳樹嗎？我只是感到慚愧啊！無法像召公那樣嘉惠地方，留下照顧百姓的政績。

　　唉，只是為柳樹寫一首詩罷了，怎麼又嚴肅正經地談起傷心事呢？傷心的事讓它去吧。

　　一個來自北方姓柳的人，離家鄉到遙遠的柳州當刺史。

　　柳宗元在柳州的柳江邊，種了一排柳樹，還為它們寫了詩。

當柳宗元的朋友

　　柳宗元被貶後，把他住處附近的山水紛紛命名為「愚溪」、「愚丘」、「愚島」等等，還說被放逐是因為自己太愚笨的關係。

　　你一定覺得既好笑又莫名其妙，「什麼嘛！怪自己笨也就算了，還怪到別人身上？」「他該不會稱呼他的朋友為愚人吧？」

　　要如何跟這樣的人當朋友呢？

　　柳宗元會寫散文，又能寫詩，還是鼎鼎有名的唐宋八大家之一。當柳宗元的朋友，你可以一起參加唐代的古文運動，看他怎麼寫文章，他還會告訴你什麼樣的詩文才是好作品。

　　柳宗元對朋友很好，是個講義氣的好哥兒們。當時，他的好朋友劉禹錫即將被貶到非常偏僻的播州。柳宗元擔心，到播州的路途可是又遠又危險啊！劉禹錫可能再也見不到他年邁的母親。因此，柳宗元便自告奮勇地說：「播州就讓我去吧！」當柳宗元的朋友，當你需要幫助的時候，他總是能義無反顧地拉你一把。

　　柳宗元同時也是個「時尚玩家」，即使在偏僻荒涼的地方，他都能找到美麗的風景。當他的朋友，你可以跟他隨意又悠閒地到處亂晃，看他在河邊建涼亭，聽他為山水取名。

　　當柳宗元的朋友，即使是荒郊野外，他都能帶你找到好玩的地方。有時候，他會因為被貶謫而有點低落，還嘲笑起自己的愚笨。

　　不過別擔心，只要你親近他，當他的朋友，你會知道，當個「愚人」也是個面對挫折的好方法喔！

我是大導演

看完了柳宗元的故事之後，
現在換你當導演。
請利用紅圈裡面的主題（旅行），
參考白圈裡的例子（例如：風景），
發揮你的聯想力，
在剩下的三個白圈中填入相關的詞語，
並利用這些詞語畫出一幅圖。

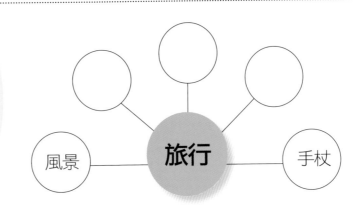

風景　　旅行　　手杖

◎ 少年是人生開始的階段。因此，少年也是人生最適合閱讀經典的時候。

因為，這個時候讀經典，可以為將來的人生旅程準備豐厚的資糧。

因為，這個時候讀經典，可以用輕鬆的心情探索其中壯麗的天地。

◎ 【經典少年遊】，每一種書，都包括兩個部分：「繪本」和「讀本」。

繪本在前，是感性的、圖像的，透過動人的故事，來描述這本經典最核心的精神。

小學低年級的孩子，自己就可以閱讀。

讀本在後，是理性的、文字的，透過對原典的分析與說明，讓讀者掌握這本經典最珍貴的知識。

小學生可以自己閱讀，或者，也適合由家長陪讀，提供輔助說明。

001 詩經 最早的歌
Book of Odes:The Earliest Collection of Songs
原著／無名氏 原典改寫／唐香燕 故事／比方 繪圖／AU

聽！誰在唱著歌？「關關雎鳩，在河之洲，窈窕淑女，君子好逑。」這是兩千多年前的人民，他們辛苦工作、努力生活，把喜怒哀樂都唱進歌裡頭，也唱成了《詩經》。這是遙遠從前的人們，為自己唱的歌。

002 屈原 不媚俗的楚大夫
Ch'ü Yüan:The Noble Liegeman
原著／屈原 原典改寫／詹凱婷 故事／張瑜珊 繪圖／灰色獸

如果說真話會被討厭、還會被降職，誰還願意說出內心話？屈原卻仍然說著：「是的，我願意。」屈原的認真固執，讓他被流放到遠方。他只能把自己的真心話寫成《楚辭》，表達心中的苦悶和難過。

003 古詩十九首 亂世的悲歡離合
Nineteen Ancient Poems:Poetry in Wartime
原著／無名氏 原典改寫／康逸藍 故事／張瑜珊 繪圖／吳孟芸

蕭統喜愛文學，喜歡蒐集優美的作品。這些作品是「古詩十九首」，不知道作者是誰，也無法確定究竟來自於何時。當蕭統遇見「古詩十九首」，他看見離別的人，看見思念的人，還看見等待的人。

004 樂府詩集 說故事的民歌手
Yuefu Poetry:Tales that Sing
編者／郭茂倩 原典改寫／劉湘湄 故事／比方 繪圖／菌先生

《樂府詩集》是古老的民歌，唱著花木蘭代父從軍的勇敢，唱出了採蓮遊玩的好時光。如果不是郭茂倩四處蒐集，將五千多首詩整理成一百卷，我們今天怎麼有機會感受到這些民歌背後每一則動人的故事？

005 陶淵明 田園詩人
T'ao Yüan-ming:The Pastoral Poet
原著／陶淵明 原典改寫／唐香燕 故事／鄧芳喬 繪圖／黃雅玲

陶淵明不喜歡當官，不想為五斗米折腰。他最喜歡的生活就是早上出門耕作，空閒的時候看書寫詩，跟朋友喝點酒，開心就大睡一場。閱讀陶淵明的詩，我們也能一同享受關於他的，最美好的生活。

006 李白 長安有個醉詩仙
Li Po:The Drunken Poet
原著／李白 原典改寫／唐香燕 故事／比方 繪圖／謝祖華

要怎麼稱呼李白？是詩仙，還是酒仙？是浪漫的劍客，還是頑皮的大孩子？寫詩是他最出眾的才華，酒與月亮是他的最愛。李白總說著「人生得意須盡歡」，還說「欲上青天攬明月」，那就是他的任性、浪漫與自由。

007 杜甫 憂國的詩聖
Tu Fu:The Poet Sage
原著／杜甫 原典改寫／周姚萍 故事／鄧芳喬 繪圖／王若齊

為什麼詩人杜甫這麼不開心？因為當時的唐朝漸漸破敗，又是戰爭，又是饑荒，杜甫看著百姓失去親人，流離失所。他像是來自唐朝的記者，為我們報導了太平時代之後的動亂，我們看見了小老百姓的真實生活。

008 柳宗元 曠野寄情的旅行者
Liu Tsung-yüan:The Travelling Poet
原著／柳宗元 原典改寫／岑澎維 故事／張瑜珊 繪圖／陳尚仁

柳宗元年輕的時候就擁有好多夢想，等待實現。幾年之後，他卻被貶到遙遠的南方。他很失落，卻沒有失去對生活的希望。他走進永州的山水，聽樹林間的鳥叫聲，看湖面上的落雪，記錄南方的風景和生活。

◎ 【經典少年遊】，我們先出版一百種中國經典，共分八個主題系列：
詩詞曲、思想與哲學、小説與故事、人物傳記、歷史、探險與地理、生活與素養、科技。
每一個主題系列，都按時間順序來選擇代表性的經典書種。

◎ 每一個主題系列，我們都邀請相關的專家學者擔任編輯顧問，提供從選題到內容的建議與指導。
我們希望：孩子讀完一個系列，可以掌握這個主題的完整體系。讀完八個不同主題的系列，
可以不但對中國文化有多面向的認識，更可以體會跨界閱讀的樂趣，享受知識跨界激盪的樂趣。

◎ 如果説，歷史累積下來的經典形成了壯麗的山河，那麼【經典少年遊】就是希望我們每個人
都趁著年少，探索四面八方，拓展眼界，體會山河之美，建構自己的知識體系。
少年需要遊經典。
經典需要少年遊。

009 李商隱　情聖詩人
Li Shang-yin:Poet of Love

原著／李商隱　原典改寫／唐香燕　故事／張瓊文　繪圖／馬樂原

「春蠶到死絲方盡，蠟炬成灰淚始乾。」這是李商隱最出名的情詩。他在山上遇見一個美麗宮女，不僅為她寫詩，還用最溫柔的文字説出他的想念。雖然無法在一起，可是他的詩已經成為最美麗的信物。

010 李後主　思鄉的皇帝
Li Yü:Emperor in Exile

原著／李煜　原典改寫／劉思源　故事／比方　繪圖／查理宛豬

李後主是最有才華的皇帝，也是命運悲慘的皇帝。他的天真善良，讓他當不成一個好君主，卻成為我們心中最溫柔善感的詞人，也總是讓我們跟著他嘆息：「問君能有幾多愁，恰似一江春水向東流。」

011 蘇軾　曠達的文豪
Su Shih:The Incorrigible Optimist

原著／蘇軾　原典改寫／劉思源　故事／張瑜珊　繪圖／桑德

誰能精通書畫，寫詩詞又寫散文？誰不怕挫折，幽默頑皮面對每一次困境？他就是蘇軾。透過他的作品，我們看到的不僅是身為「唐宋八大家」的出色文采，更令人驚嘆的是他處處皆驚喜與享受的生活態度。

012 李清照　中國第一女詞人
Li Ch'ing-chao:The Preeminent Poetess of China

原著／李清照　原典改寫／劉思源　故事／鄧芳喬　繪圖／蘇力卡

李清照與丈夫趙明誠雖然不太富有，卻用盡所有的錢搜集古字畫，帶回家細細品味。只是戰爭發生，丈夫過世，李清照像落葉一樣飄零，所有的難過，都只能化成文字，寫下一句「簾捲西風，人比黃花瘦」。

013 辛棄疾　豪放的英雄詞人
Hsin Ch'i-chi:The Passionate Patriot

原著／辛棄疾　原典改寫／岑澎維　故事／張瑜珊　繪圖／陳柏龍

辛棄疾，宋代的愛國詞人。收回被金人佔去的領土，是他的夢想。他把這個夢想寫進詞裡，成為豪放派詞人的代表。看他的故事，我們可以感受「氣吞萬里如虎」的氣勢，也能體會「卻道天涼好箇秋」的自得。

014 姜夔　愛詠梅的音樂家
Jiang K'uei:Plum Blossom Musician

原著／姜夔　原典改寫／嚴淑女　故事／張瓊文　繪圖／57

姜夔是南宋詞人，同時也是音樂家，不僅自己譜曲，還留下古代的樂譜，將古老的旋律流傳到後世。他的文字優雅，正如同他敏感細膩的心思。他的創作，讓我們理解了萬物的有情與奧妙。

015 馬致遠　歸隱的曲狀元
Ma Chih-yüan:The Carefree Playwright

原著／馬致遠　原典改寫／岑澎維　故事／張瓊文　繪圖／簡漢平

「枯藤老樹昏鴉，小橋流水平沙」，是元曲家馬致遠最出名的作品，他被推崇為「曲狀元」。由於仕途不順，辭官回家。這樣曠達的思想，讓馬致遠的作品展現豪情，被推崇為元代散曲「豪放派」的代表。

經典少年遊

youth.classicsnow.net

008
柳宗元 曠野寄情的旅行者
Liu Tsung-yüan
The Travelling Poet

編輯顧問（姓名筆劃序）

王安憶　王汎森　江曉原　李歐梵　郝譽翔　陳平原
張隆溪　張臨生　葉嘉瑩　葛兆光　葛劍雄　鄭培凱

原著：柳宗元
原典改寫：岑澎維
故事：張瑜珊
封面繪圖：陳尚仁　吳亦之
內頁繪圖：陳尚仁

主編：冼懿穎
編輯：張瑜珊　張瓊文　鄧芳喬
美術設計：張士勇　倪孟慧
校對：呂佳真

企畫：網路與書股份有限公司
出版者：大塊文化出版股份有限公司
台北市10550南京東路四段25號11樓
www.locuspublishing.com
讀者服務專線：0800-006689
TEL：+886-2-87123898
FAX：+886-2-87123897
郵撥帳號：18955675
戶名：大塊文化出版股份有限公司
法律顧問：全理法律事務所董安丹律師

總經銷：大和書報圖書股份有限公司
地址：新北市新莊區五工五路2號
TEL：+886-2-8990-2588
FAX：+886-2-2290-1658
製版：沈氏藝術印刷股份有限公司

初版一刷：2012年9月
定價：新台幣299元